AF279649

# Amor Propio

Pablo José Gómez Morales

Editorial *Metamorfosis*

Autor:                  Pablo José Gómez Morales
Ilustración:            Elena Crash
Diseño de portada:      Irene Zarzo Falcón
Corrección:             Jesica Gil
Colaboración:           Keila Otero
Maquetación:            David Román

© 2024 Pablo José Gómez Morales
© 2024 Editorial Metamorfosis

ISBN: 979-13-87611-05-7

# Índice

# AMOR CONFUSO

Apareciste en mis pensamientos,
paraste mi respirar.
A fuego lento
hablo en silencio hacia dentro.
Bajo el manto oscuro
como animal nocturno
busco un latir profundo
para demostrar este amor confuso.

# INCONDICIONAL

Me parte el alma,
se me rompen las entrañas
por intentar
ser perfecto e incondicional
y demostrar que yo supe amar
expresando en un recital
no ser amante pasajero,
de esos que pasan
solo por noches sin textos.

# LIBERO

Libero mis pensamientos,
sueños que no puedo detener
y van fabricándose en mi mente.
Besos de luz,
caricias de luna,
noches brillantes,
amaneceres interesantes,
días que serán inolvidables,
porque viviremos algo más
que una noche de amantes.

# CALA HONDO

Mi alma brilla.
En el suave murmullo del alma
y la tibieza de tu calma
con sigilo de violetas por sutil esencia
y ese amor magnífico
cual perfume de dulce madrugada
calan hondo, hasta el alma,
las plantas acicaladas cada mañana
sin fin y con forma,
con fondo e historia
de un amor a discordia
que te llevará a la gloria.

# FLOR GRANDE

Aprenderé a volar con alas puras
cerca del loco cielo
donde a veces llueve,
brilla u oscurece
siendo el viento
el acompañante
junto a una flor grande,
velo de la casualidad al alba
cuando la distancia
transformada en cornisa
nos deja apenas despuntar en grana.

# PRECIOSA VENEZOLANA

Caminos irresponsables
me llevan su hermosura.
Si tú no me visitas
mis penas se sepultan.
El encuentro se venga
de ver tu mirada
y me enseña
a amar con esperanza
queriendo ser tu cama
y las almohadas.
Esos besos que me dabas
no se pueden olvidar,
mi preciosa venezolana.

# PENAS

Penas que nunca
me van a endulzar
como abejas en su panal
haciendo que mi alma
se ponga a llorar.
Aunque ellas
me hicieron disfrutar
jamás me volveré a enamorar
sabiendo que el amor
jamás voy a encontrar.

# AMAR ES VERDAD

Si amar es verdad
y sentir, una mentira,
el fondo de mi alma
lo sabría y no sufriría
tantas penas y agonías
en esas noches frías,
aunque en el fondo me ría
para tener un momento de alegría
soñando sin pensar en fantasías.

# UN SONETO PERFECTO

Quise hacer un soneto
con la métrica perfecta
para una mujer
que es bella
y, aunque fuera sencillo,
sin la frenética correcta
la lírica musa
no tendría sentido
ni latidos correctos
en una desazón
de un enamorado.

# EL UMBRAL

No traspases el umbral
de mi corazón.
Déjame ilusionarme de flores
con la copa de vino en la mano.
Déjame la ilusión de los buenos ratos
de mi sed y la suya
mientras el vino se va acabando.
¡Hoy ha sido la última,
ya que hoy es la última noche
de tu aventura conmigo!

# LAS MIL MENTIRAS

Cobra los créditos
y déjame en el dique seco
en un polvo loco.
Después de mis caricias bonitas
me di cuenta de que
todo lo tuyo era mentira.
Señorita de las mil mentiras,
es tan mala mujer
que necesito otro corazón
para que sea herido.

# TODOS LOS DÍAS

Como siempre, día tras día,
yo aquí y tú en la lejanía
y, como único medio,
usando el don de las palabras,
compongo una melodía
que te llegue por las ondas de la música
y que te diga que eres mi mejor sinfonía.
Comunión eterna entre notas y estrofas,
que acompañe tu alma
como siempre día tras día.

# AHORA

Amor de orilla,
de ensueño y fantasía.
Tu sola imagen
me llena de alegría.
Tal vez tu historia
me ayude a pensar
cómo se pierde el mar
más allá del más allá
donde veo la luna esconderse
y donde mis amores no florecen.

# HASTIADO

Esa insoldable dulzura
impávido me ha dejado,
hastiado de mi locura.
Un liróforo me he vuelto
entre tanto sentimiento,
esa emoción irrevocable
donde me fascinan esos besos
de esas baldías sapiencias
entre las que se ocultan mis carencias.

# A TUS OÍDOS

Guardo en mi corazón
cada beso.
Mientras te hago el amor
cercano a tus oídos
mis versos te recito
y con voz calmada
te digo: "Eres amor divino.
Quiero darte cuanto pueda.
Hacer que nunca me olvides".
Quiero grabártelo en tu cerebro
todo el tiempo mientras vives.

# A SU MERCED

Cuando el sueño era el absoluto
dueño de la madrugada
en ese tramo de mi existir
quise sentir que estaba a su merced
por el latir de un corazón enamorado.
Un escritor ha plasmado momentos
que ni cosquillas podría tener el alma
que no está enamorada.

# LOS ESPACIOS ABIERTOS

Los espacios abiertos
entre tu mirada y tus labios
hacen comulgar
el fulgor de los astros,
el correr vertiginoso
que al corazón da reposo
por los latidos que son Cardoso.
Por eso yo te nombro
en cada palabra soberana
que deseo trazar a mi amada.

# ENAMORADO CON UN DESTINO

Ser enamorado con un destino,
soñar sin ser parte del universo.
Decir te quiero,
gritar al viento,
tocar la tierra,
bañarme en el mar
con una sirena con su cantar.
Sin nada a cambio, sin nunca esperar
que me volviese a enamorar.

# NO PRETENDO

No pretendo
regalarte una flor
que determine gloria eterna
ni la luna llena
que te dé luz eterna.
No pretendo
que me mires adorando
ni papeles
que denoten compromisos
porque, pase lo que pase,
eres mi amor divino.

# SIN BUFONADAS

Contando estrellas,
sin bufonadas,
en aguas tranquilas
tu belleza nada.
Me quedé sin alma
por contemplarla,
llegué al lugar
donde todo se encamina.
Arte locuaz,
tu creador natural,
todo se ilustra sin tiempo.
Calló todo en el silencio.

# SEGUIR DURMIENDO

Son tus labios
los que presiento a mi lado.
Hay destellos en mis pensamientos
de tu cuerpo en mis sueños
en mis horas que despierto.
Embriagada locura
el contorno de tu figura
al conocer mi amargura.
Siento que es gozo
con dulzura
porque muero
por seguir durmiendo.

# NO ESCRIBO

No escribo metáforas propias.
Sin tantas tretas
construyo minúsculos universos
como lindos cometas
que viven constantemente inmersos
en un mundo de estrellas, tan dispersos.
Serán las verdaderas razones
del alma las que invoquen lozanía.
Cuando sea el momento
no hablaré de quimeras
ni de sabios renglones,
sino de cada luz
que tiene de alguna manera
que hacerme sentir diferente.

# COLMA MI BOCA

Colma mi boca
Con el sabor de tus fluidos,
exquisito manantial,
con convicción bebo,
y al concebir el amor
de locura brota un desvelo.

# CUERPO ARDIENTE

Cuerpo ardiente
donde mis manos navegan,
y mis labios esbozan
siempre toda su grandeza;
en el que descubro
su gran pureza
lo que en mi alma esconde
para degustar su belleza.

# TODA ESPERANZA

Pierde toda esperanza
de tenerme
y de sacarme de tu mente.
Hazlo pronto,
que puedo arrepentirme
y no desfallecer
por un sentimiento tan triste
del que es difícil que logre corregirme.

# HOY NO ES

Hoy no es como antes
ni antes es como hoy.
La senda del amor
dispara sin retorno
quebrando mi contorno
heridas malditas
de unas desdichas
por amar a una mujer bonita
que de mí nada quiere.

# LOS MUROS

Los muros del exilio
son testigos permanentes
de miles de lamentos
que se llevan poco a poco
la ilusión de volver en algún momento,
hipocresía de algún delirante
creyente de la infamia
en el amor palpitante
al sentir su corazón latente,
pero no entienden
que las raíces de despedidas
ya vienen invisibles
desde el día en que naciste.

# EL GATO

Me tocó perder.
Entiendo que no te supe querer.
Él te dio todo su ser
hasta morir de sed.
En cambio, este insensato
se lo bebió todo,
dejándote en una azotea
como gato abandonado.

# PERDONA

Perdona si te he fallado.
Quizás no te importe
lo que siento, pero
eres mi respiración.
Devuélveme la vida, tú,
devuélveme el aire,
que sin ti nada será lo mismo.
Estoy en el laberinto del dolor
buscando una mejor composición
para ganarme tu corazón.

# TE QUIERO CADA DÍA

Te quiero cada día más.
Hoy te diré la verdad:
te extraño, te extraño,
siempre fuiste mi felicidad,
por ello de ti jamás
me podré olvidar.
Serás para siempre mi inspiración.
Te quiero, te quiero, te quiero
y eso nadie lo podrá cambiar.
Eres el amor que vida me dará.

# COJO UN PAPEL

Cojo un papel
y trato de expresarme,
pero aún no consigo escribir.
Mi vida se va aquí.
Algunas veces siento que quiero morir;
otras, pienso
que no tengo sentimientos.
Siento tristeza
porque no quiero perderte,
no quiero olvidarte.
Sólo deseo amarte.

# TODAVÍA NO TE OLVIDO

Temo decir que tan grande es mi desvelo
y al pensarte tu piel en mi cuerpo
es el sueño imposible
de un poeta que ha muerto.
Porque nadie ha llegado despierto,
ya que el sueño imposible
es la consecuencia
de gritar este amor
tan dulce y puro
a tres metros bajo el suelo.

# MIS SUEÑOS

En mis sueños siempre
vas a estar, mi mujer.
Mis palabras seguirán siendo por ti.
Tú me brindas esa sensación
de pura belleza.
Me haces sacar mi magia.
Me das vida.
Me das el alma
para poder gritar al cielo
cuánto te quiero.

# UN MAÑANA

Tus ojos resplandecieron en mi alma
como la luz del cielo
que ilumina el alba.
Si no vuelvo a ver tu mirada,
sin la luna y sin la noche,
no existiría un mañana.

# UNA TRAGEDIA

Estarás satisfecha:
este amor fue una tragedia.
Tengo mis dudas
sobre si alguna vez sentiste la ternura
de lo que sentías con locura.
Aún con el alma maltrecha
ya no me quedan ni rancheras
porque los demonios me acechan.
Ojalá mi temor desvanezcas
de figuras grotescas.

# CEMENTERIO

Flaquean despicados
los latidos de mi corazón,
mi alma en turbulencias
fallidas de algunos
rencores innecesarios.
Por alguien
que dijo haberme amado,
dormiré en un ruido insolente
cuando el dolor
me imagine soñando.
Entre esos silencios
en una multitud
llamada cementerio...
Despierten la ira de mis dioses.

# COMO ALAS DE MARIPOSAS

Eres frágil como alas de mariposas,
como esas que cuentan
en las hojas a las niñas hermosas.
Es tanta tu ternura
que con sólo mirarte
ya siento que todo mi mal cura
y tu imagen en mi alma
se ha plasmado y perdura
como este amor de locura.

# VERTE ES LA GLORIA

Verte es mirar la gloria,
es la majestad del firmamento,
de los más hermosos pensamientos
anclados en el baúl de mi memoria
porque no consigo arrancarte
ni despegarte de un solo instante.
Ese dulce acento
en el que revelo el amor que siento
todo llena de sentido
al calor del pecado
en la morada donde eras mi amada.

# OSOS EN LA CAMA

No hace falta, hoy no haré un poema
ni a tu piel, ni a tus ojos, ni a tus labios.
Pensándolo bien,
sería más fácil odiarnos
sin rimas y sin temas.
El frío en nuestra cama
tiene más escarcha
que una nevera
dejándome tan tieso y sin dilema
que los osos del Antártida
me acompañarán
porque, así como estoy de enamorado,
sé que lo nuestro
no va para ningún lado.

# SOÑAR SIN SOÑAR

El mar hace ruido, como mi alma,
pero calla el sentimiento.
Desde el abismo
la luna está escondida,
el cielo, oscurecido,
y yo aquí dentro
sin poder salir,
viviendo sin vivir,
soñando sin soñar.

# PERDIENDO LA FE

Hoy planté una rosa blanca
en forma de paz.
Su tallo tendrá un hermoso
verdor
porque la regué con amor
y su fragancia
enamorará al más ingenuo
porque se expandirá
por el universo
como los dedos
que todos tenemos.
El milagro sabrá
esperar.
Nunca se pierde la fe.
El jardín está radiante:
la gente empieza a enamorarse.
En el jardín del amor
no se pueden marchitar.

# LLUEVE EN MI ALMA

Llueve en la tortuosa noche
en que no pego ojo
porque no encuentro el consuelo
ni la voz que alienta
cuando el cántaro apagado
no esgrime una situación concreta.
Me quedo sin respuestas
vagabundeando mi alma en pena.

# EL RÍO NILO

Con su estirpe adentro
mi amor brota como el río Nilo,
gana la llanura
y al subir recela
al más sediento.
Un lucero parece
su epicentro,
corazón de angustia.
Se fue la aurora
de los aromas frescos
como copa de vidrio
enterrada en el desierto.
Todo quedó incompleto
en cúmulos dantescos.

# EL MIEDO ME QUITA

El miedo me quita la palabra,
me ata en el silencio,
me tiene prisionero.
Sin poder salir de la vergüenza
me retiene
y no me deja ser quien soy,
un humilde servidor
enamorado de vos.

# TE MATARÉ

Cruel sadismo,
te mataré con mis besos divinos.
Me armé de un mecanismo
que me permite darte
besos divinos,
que me permite
llegar hasta tus huesos,
donde morirás de placer
porque con esos artefactos
y luego mi erotismo
amaneceremos los dos
amándonos infinito.

# CALLAR

Silencios míos.
Cuando
callas y no dices nada
suenan, permitidas,
costumbres lejanas
de amor y llantos por la partida.
Una vez más me atrapan
tus palabras encendidas
y el inmenso placer
de escucharte sin permiso,
y el inmenso placer
de mi inquietud
con tus versos y mis dichos.

# LA MUERTE

El umbral del misterio
asecha mis aposentos,
me comenta
que la vida ha muerto.
La realidad era un misterio,
la vida era tiempo,
¡no hay, suspiro!
solo el triste lamento
de una sola cosa:
todo es una mentira amarga
quedando en un suspiro frío
detrás de un cristal,
antes de vivir bajo el piso
gritarán: ¡eres bueno y lindo!
aunque quedes en un cadáver podrido.

# SIENTO

Mientras me apago
siento la fría sensación
de perderte para siempre
rodeado de todos tus recuerdos.
Mi corazón late desmesurado
volcando en sentimientos
este temor de descubrir
que te quiero.
Vislumbro el dolor de no tenerte,
en todos los rincones
tu alma se diluya
me arranque la mía
porque llegó tu partida
querida mía.

# UNIVERSO DEL DOLOR

El placer de escucharte eterniza
cualquier momento de locura infinita.
Tu voz en mi alma,
susurro que tus labios
semejan distancia
con verdades instantáneas
de noches sin perdón
en el universo del dolor,
naufragio sin sentimiento
ni la mínima emoción.

# AMOR ETERNO

Mueren mis heridas
como flor marchita,
el temor de perderte me irrita
de cómo será mi vida
en la soledad más inseparable,
imaginando una triste despedida,
porque el miedo sabe a lejanía
y este tonto
no sabía lo que quería,
todo se convirtió
en una triste despedida.

# REALIDAD

Subí a la luna con el cielo en calma,
se me antojaba
presionando mi alma,
hermosa o paulatinamente
buscando una sabia palabra
en ese ambiente de afán
de cómo poderte enamorar
pues tu corazón pertenece
a otro lugar lejos de la realidad.

# MAR PROFUNDO

Cuando veo tus ojos que en silencio
me hablan del profundo mar,
tú me miras y parece que miro
detrás de tu mirada.
Exhalo un suspiro que me deja
sin aliento ni respiro
porque me enamoré
de lo prohibido
como una presa
a punto de comerse.
Yo quiero amarte.
Deja que te quiera
y que me muera con delicadeza.

# ENTRA EN MI VIDA

Botón de clavel
sonrisa de hiel,
entra en mi vida,
te abro la puerta,
ansío el internamente
tiempo para quererte
pues tengo miedo
a perderte,
y que nuestros corazones
latan por cuerpos diferentes.
El tiempo se agota
teniendo el miedo
de perderte para siempre.

# QUIÉN DIRÍA

Escondo tu amor
porque tengo mucho miedo.
Mi piel se enciende
cuando de amar se trata
y se duerme moribunda
cuando se muere el amor,
ya que llorar se ha vuelto
un alma rota que no late
como guerrero independiente
en una guerra diferente
contra un rival, hermosamente.

# REYES MAGOS

Mi corazón se está agotando,
su ritmo está bajando,
parece latir despacio,
pero tengo que seguir soñando,
amar, aunque sea llorando
despierto, cabeceando.
No quiere continuar
más el insensato sigue andando,
guardando en silencios
de no querer seguir hablando
porque estoy temblando
y más enredado
que los Reyes Magos
dando regalos el 30 de febrero.

# NADA VALGO

Cuando no hay alegría
me retiro al fondo
de lo inconcluso,
a la fobia de lo absoluto,
de envolver mi cuerpo
en un manto negro
y no dejar la evidencia
de lo poco que he sido,
de la nada que valgo.

# MARTES 13

Mis heridas mueren
teniendo el temor de perderte,
porque la soledad
se ha vuelto inseparable
de este humilde servidor
que soñó con amarte
aquel martes 13,
cuando tomé el tren
de la ausencia,
dejando la lejanía
como compañía
en esta vida injusta
llena de mentiras,
ya que te conozco tanto,
que hasta sé las respuestas
de lo que me dirás ese día.

# LA AMABA

La amaba más que a nada,
pero entre la cordura fugaz
y pensamientos marginales
mis sentimientos
quedaron dormidos
en consulados desiertos.
Me empecé a sentir perdido
en las melancolías sediciosas
que se transportan
como mariposas.
Dejé de quererte sin motivo ni razón.
Por desgracia, así es el amor.

# PUEDEN ROBARME

Pueden robarme tu historia,
pero no lo que siento,
aferrado cada noche
al calor de esta almohada
que me acompaña.
Mientras duermo en solitario,
en ese momento pienso
en besar tu cuerpo,
pero no, no lo tengo en ese momento.
Una distancia nos separa llamada océano.
Cada momento en el que voy
al encuentro del dormir
sólo deseo tenerte en ese momento.

# CREPÚSCULO

Haré de tus vivencias
un suave y duro árbol de amor
en los cuales crezcan frutales
con sabores diferentes.
Que ese viento cálido
te sople desde lo más bajo
hasta lo más alto
y en él se guarden
luces de crepúsculo
en sentimientos íntimos
de todo lo que hemos vivido.

# DONDE

Donde la ilusión
empieza por una hermosa belleza,
veo ese cuerpo de rosas
desde lejos
al que poco a poco
me quiero ir acercando
para deshojarlo en mis manos
y hacerla sentir como
única rosa
de este universo fantástico.

# NI HASTA LUEGO

Sin más palabras ni un hasta luego
extendí mis manos
y te solté al vuelo
sin decirte lo mucho que te quiero
porque, sin motivo ni razón,
bebí luego el precio del dolor.

# ENTRE TUS LUNARES

Delicias quiero vestir de caricias
para deleitarme de tu cuerpo.
De mil maneras
te miro, te beso, te palpo, te aprecio...
Siento tantas ganas al notar
tu cuerpo junto al mío
que un placer enorme palpita dentro
dibujando un pequeño punto
entre tus lunares
donde guardaré los *ayes*
de las veces que te haga el amor.
Elevada mansamente mi razón,
coronado y pleno
quedo yo al ver tu cuerpo,
deleitado de mil ceremonias,
en el altar de tu pecho.

# DESCONSOLADO

Desconsolado en una rosa
esta noche me encuentro
oyendo música.
Mientras mi cigarrillo
se va consumiendo
voy pensándote más y más
recordando aquella tarde primaveral
donde te quise besar.
Lentamente se va a apagando
y, de nuevo, vuelta a empezar
y el mismo pensamiento
me vuelve a rebotar.

# MEOLLO

Resplandores del meollo
encienden las luces
de la pasión,
la chispa que enciende mi sol
al despertar,
la menguada luna
al acostar
y una vida más
para poder volverte a amar.

# MI ENEMIGO

El reloj se detuvo.
La batería se consumió,
la paciencia lo mató.
Innecesario o estúpido,
no pudo continuar
marcando los minutos,
soportando que tu cuerpo
desde el primero de enero
lo besara mi enemigo,
aquel vecino
que una vez dijo ser mi amigo.
Me retiro con dignidad.
Sepa usted amarla de verdad.

# DESIRÉE

Mi flor se marchitó.
Cuánto sufrimiento
llegó en la partida
de un amor
que no me correspondió.
Tanto es mi dolor,
que el alma la he perdido
y roto tengo el corazón.
Siento un fuerte ahogo,
un nudo en el estómago
que me corta la respiración,
por saber que viviré
sin tiempo ni consuelo
de tan sólo darte un beso.

# SÍ, MALLORCA

Sí, Mallorca:
vamos a la fiesta pese a que
tu lista de invitados esté incompleta.
Falta la mujer más bella:
se te olvidó el papel para invitar
a aquella que destaca por su belleza
y, si a alguien se le antoja,
tendrá que ponerse a la cola porque,
aunque prefiera estar sola,
destacará como una rosa
entre tantos colores de mariposas.

# A TU LADO

Caminar a tu lado
en la arena, con fervor,
dejando nuestras huellas.
Entre tantas estrellas
y las canciones aquellas
que las penas alejan
pasamos la noche
sin juicio ni justificaciones.

# EL RÍO SIN AGUA

El río sin agua
que sin miedo veo
es testigo
de por qué sin alma
ni miedo tenebroso
navega por este mundo
tormentoso
secándose sin gota.
Tiene la experiencia
de quedarse sin vida
bajo un manto de lodo
que lo lleva a un lugar.
El camino en esa ruta
una luz tiene que hallar.

# EL PERFUME DE TU CUERPO

Con el perfume de tu cuerpo,
radian mis mejores versos.
Como estrellas brillantes
seduciré al aliento de tus besos.
En rúbricas de sorpresas,
combinaré grandes poemas
para exaltar el ritmo de tus caderas.

# MONEDAS

Morir por lo poco que vales
es como recoger monedas
en tierra seca,
donde el terror me azota
de mil maneras inquietantes,
pero llenas de tristezas
mi humilde cartera,
requisa instantánea
que en pocas palabras
ya no queda nada,
pues la dignidad yace perdida
muero desangrado
en una sociedad,
que aún viva, calla a desgano.

# EN PLENA GUERRA

La ignorancia más atormentada
cuestiona las decisiones
peor tomadas que a mi piel revelan
lo que una vez me dijo una mirada.
El no saber
querer nada me llevó a escribir
palabras necias de maneras
tan erróneas como fusiles
en plena guerra ucraniana.
Creyendo relucir
me avasallaba a mí mismo.
Mirando a otro lado
me di cuenta de la logística de valores
y de los bajos perdedores.
Creía ser profeta o poeta,
pero no hubo manera.
Tal vez merecida
es esta venda que a mis ojos
he puesto hace rato
y a ciegas voy muriendo
de decir adiós
antes de estar con Dios.

# SOBRE EL AUTOR

Pablo José Gómez Morales es un autor venezolano afincado en España, con una trayectoria errante de emociones y letras, sentimientos esclavos de sí mismo, purga en cada obra sus silencios a voces, sus miedos permitidos y su atrevimiento locuaz.

Pablo José Gómez Morales se sacia en reglones blancos, donde sus letras y sueños van dando forma coherente o dispares, pero a sus sueños estos de un artista maldito y no por ofensa, pero si por descaro y atrevimiento.

*La fe no es tener un conocimiento perfecto de las cosas; porque si tenéis fe, lo tenéis todo.*

**Pablo José Gómez Morales**